AF382309

JAMES MADISON

El padre de la Constitución estadounidense

Por Thomas Melchers
En colaboración con Christelle Klein-Scholz
Traducido por Marina Martín Serra

Historia 50MINUTOS.es

JAMES MADISON

- **¿Nacimiento?** El 16 de marzo de 1751 en Montpelier (Virginia).
- **¿Muerte?** El 28 de junio de 1836 en la misma ciudad.
- **¿Partido político?**
  - El Partido Federalista.
  - El Partido Demócrata-Republicano.
- **¿Fechas de las elecciones?** En 1808 y en 1812.
- **¿Duración del mandato?** Ocho años.
- **¿Principales aportaciones?**
  - La redacción de la Constitución estadounidense (1787).
  - La redacción de los *Federalist Papers* (1787-1788).
  - La redacción de la Bill of Rights (1789).
  - La creación del Partido Demócrata-Republicano (1791).
  - La guerra contra Gran Bretaña (1812-1815).

James Madison, aunque no es tan célebre como George Washington (1732-1799) o Thomas Jefferson (1743-1826), es uno de los padres fundadores de los Estados Unidos de América y el cuarto presidente de esta joven nación.

Nacido en 1751, este filósofo y político marca a través de sus múltiples ideas la Constitución de los Estados Unidos, y es considerado uno de los principales redactores de los *Federalist Papers* (artículos publicados en favor de la Constitución) y de la Bill of Rights («Declaración de derechos»). En 1789, comienza una carrera política entrando en la Cámara de Representantes. A continuación, es nombrado secretario de Estado bajo la presidencia de Thomas Jefferson (1801-1809), al que sucede en el cargo de presidente entre 1809 y 1817. En una posición muy cercana a la de su predecesor, con el que comparte las mismas ideas, fundan juntos el Partido Demócrata-Republicano para oponerse al Partido Federalista, que en ese momento domina la escena política.

Durante su mandato presidencial, los intereses económicos y la neutralidad de los Estados Unidos están en peligro a causa de los enfrentamientos entre Francia e Inglaterra durante las guerras napoleónicas (1803-1815). Estas tensiones geopolíticas dan lugar a un conflicto con Inglaterra entre 1812 y 1815, también conocido como la segunda guerra de Independencia, mientras que los Estados Unidos no están listos para entrar en una lucha de este cariz.

A pesar de que no es el presidente de los Estados Unidos más famoso del siglo XIX, James Madison no deja de ser una figura icónica en la historia estadounidense.

BIOGRAFÍA

| Retrato de James Madison.

UNA EDUCACIÓN ILUSTRADA

Nacido en 1751, James Madison procede de una familia de migrantes ingleses que llega a los Estados Unidos a mediados del siglo XVII. Su padre, James Madison Senior (1723-1801) se enriquece gracias a su plantación de tabaco, hasta el punto de convertirse en una de las personas más ricas e influyentes de su región. Su madre, Eleanor Rose Conway (1731-1829), es hija de un comerciante y plantador de tabaco. La pareja tiene diez hijos, y James Madison es el mayor.

En 1762, James ingresa en el Colegio de Nueva Jersey —que bastantes años después se convertirá en la Universidad de Princeton— y se gradúa en 1771. Sus estudios incluyen, entre otras materias, el aprendizaje del latín, del griego, de la retórica y de la filosofía, materias gracias a las cuales aprende las doctrinas de la Ilustración escocesa. Así, descubre las ideas de David Hume (filósofo, 1711-1776) y de Adam Smith (economista, 1723-1790), que despiertan en él un interés particular por la teoría política.

DE LA CONSTITUCIÓN DE VIRGINIA A LA CONSTITUCIÓN ESTADOUNIDENSE

Cuando Madison vuelve a Virginia tras sus estudios, entra en el Comité de Seguridad Pública del condado de Orange. Puesto que no puede combatir en el campo de batalla a causa de su baja estatura (1,63 metros), destaca en otros ámbitos, militando a favor de la libertad religiosa y defendiendo las minorías creyentes de Virginia. Estas luchas le conceden el derecho a asistir a la Quinta Convención de Virginia, que se celebra en junio de 1776, durante la cual el Estado se declara independiente de la Corona inglesa. A continuación, participa de forma activa en la redacción de la Constitución con George Mason (político estadounidense, 1725-1792).

LA CONSTITUCIÓN DEL ESTADO DE VIRGINIA

George Mason y James Madison son los dos principales redactores de la Constitución de Virginia adoptada en junio de 1776. Influenciada por textos británicos, como la

Magna Carta («Gran Carta») de 1215 o la Bill of Rights de 1689, la Constitución marca la independencia del estado de Virginia. Entre otras cosas, cabe destacar que establece la organización del poder instaurando una separación: el legislativo está representado por un sistema bicameral, mientras que el gobernador encarna el poder ejecutivo. Mason añade además una declaración de derechos que garantiza los derechos fundamentales, las libertades y los límites del Gobierno de Virginia. Este texto servirá de modelo para la redacción de la Bill of Rights de 1789.

Convertido en el protegido de Thomas Jefferson, que acaba de ultimar la Declaración de Independencia (julio de 1776), Madison milita a su lado a favor de la libertad religiosa en el estado de Virginia. En 1780, se convierte en el delegado más joven en el Congreso Continental (asamblea legislativa común de las Trece Colonias norteamericanas), que en 1781 se convierte en el Congreso de la Confederación. Durante las sesiones, James Madison defiende los intereses de su estado, y trata de encontrar soluciones a la enorme deuda heredada de la guerra de Independencia (1775-1783). En diciembre de 1783, cuando el conflicto ha terminado, regresa a Virginia y vuelve a integrar la Cámara Baja (House of Delegates) de la Asamblea Legislativa, donde trata de aumentar los ingresos del Estado mientras continúa su lucha por la libertad religiosa con la ayuda de Jefferson.

A partir de 1787 participa en la Convención de Filadelfia, durante la que se redacta la nueva Constitución de los Estados Unidos.

| Escena del momento de la firma de la Constitución de los Estados Unidos.

Cabe destacar que James Madison es uno de sus grandes artífices, lo que le hace ganarse el apodo de «Father of the Constitution» («Padre de la Constitución»). De este modo, pone sus cualidades de teórico político al servicio de la construcción de una nación federal dotada de un poder central. También presenta dos textos, la Bill of Rights y los *Federalist Papers*, que garantizan una serie de libertades fundamentales e impiden la tiranía. La Constitución es ratificada por una mayoría de estados en verano de 1788.

Un año más tarde, George Washington se convierte en el primer presidente de los Estados Unidos, mientras que Madison se une a la Cámara de Representantes.

DE LA CREACIÓN DEL PARTIDO DEMÓCRATA-REPUBLICANO A LA PRESIDENCIA

Durante la primera presidencia de los Estados Unidos, aparecen disensiones entre, por un lado, el secretario del Tesoro Alexander Hamilton (1755-1804) y, por el otro, James Madison y Thomas Jefferson. Aunque el primero se preocupa por reforzar los poderes del Gobierno central, por desarrollar una política a favor de los ricos del Norte y por interpretar el texto de la Constitución de la forma más amplia posible —especialmente con la creación del Banco Nacional—, los dos últimos consideran que el pueblo es la esencia de la democracia, se centran en el mundo agrario y abogan por una interpretación estricta de la Constitución. De esta oposición, finalmente, nacen dos partidos entre 1791 y 1792: el Partido Federalista, dirigido por Alexander Hamilton y John Adams (estadista estadounidense, 1735-1826), y el Partido Demócrata-Republicano representado por Thomas Jefferson y James Madison.

Después de cuatro años de ausencia que pasa ocupando un escaño en la Asamblea Legislativa y haciendo prosperar su propiedad en Virginia, entre 1801 y 1809 Madison se convierte en un importante miembro del gabinete de Jefferson, que entonces es el tercer presidente de los Estados Unidos. Durante los dos mandatos presidenciales de su amigo, ocupa el cargo de secretario de Estado, en el que una de las principales tareas consiste en tratar los asuntos exteriores. Durante sus misiones, se distingue por la compra de Luisiana a Francia en 1802 y por el mantenimiento de la neutralidad durante las guerras napoleónicas.

La compra de Luisiana

En 1803, los Estados Unidos compran a la Francia de Bonaparte un territorio enorme, mucho más grande que el actual estado de Luisiana. Por sí solo, representa una quinta parte de la superficie actual de los Estados Unidos y se extiende hacia el oeste hasta Nuevo México, Colorado, Wyoming e Idaho. Así, el joven país duplica su tamaño.

En 1808, James Madison gana las elecciones presidenciales y, el 4 de marzo de 1809, se convierte en el cuarto presidente de los Estados Unidos. Aunque es reelegido en 1812, Madison no muestra cualidades excepcionales como jefe de Estado. Bajo su presidencia, las tensiones con Inglaterra alcanzan su punto álgido y sumergen a los Estados Unidos en una nueva guerra, que dura tres años. Aunque cuando esta termina no hay un verdadero vencedor, el país gana el respeto de

Inglaterra y ve cómo aumenta el sentimiento de pertenencia a la nación estadounidense.

En 1817, al final de su segundo mandato, James Madison vuelve junto con su mujer, Dorothea Payne Todd Madison (1768-1849), a su plantación de tabaco de Montpelier. En 1826, tras el fallecimiento de Jefferson, se convierte en rector de la Universidad de Virginia, función que ocupará hasta su muerte el 28 de junio de 1836.

CONTEXTO

LA REVOLUCIÓN ESTADOUNIDENSE Y EL PESO DE LA ILUSTRACIÓN

La Revolución estadounidense, que sacude a las Trece Colonias británicas de Norteamérica, encuentra su origen en la guerra de los Siete Años (1756-1763) que enfrenta a Francia contra Inglaterra, tanto en Europa como en las colonias. Para volver a llenar las arcas de la metrópoli, el Parlamento británico aplica nuevos impuestos en sus colonias, sobre todo en algunos alimentos, sin haber consultado previamente a las personas afectadas. Estos impuestos, que cada vez son más impopulares, provocan levantamientos, boicots de algunos productos ingleses y la instauración de una Asamblea Intercolonial. La crisis alcanza su máximo apogeo con el Boston Tea Party (Motín del Té), un acontecimiento clave de la historia estadounidense que anuncia el inicio de la guerra de Independencia.

En el puerto de Boston, durante la noche del 16 de diciembre de 1773, algunos americanos disfrazados de indios suben a barcos de mercaderías ingleses y destruyen el cargamento de té tirándolo por la borda. Se trata de una revuelta política que demuestra la impopularidad de la recaudación de un nuevo impuesto en la venta del té en las colonias, prescrita por la Tea Act (1773) e impuesta por Londres mientras que los colonos no tienen representación parlamentaria. Como represalia, Gran Bretaña cierra el puerto de Boston y promulga las Coercive Acts (1774).

La ira de los colonos ya se había hecho oír durante la década de 1760, mientras que algunos,
a través de panfletos y de periódicos, se oponían

a los impuestos decretados por el Parlamento británico. Pero lo que va a legitimar su derecho a la revuelta es sobre todo la lectura de las obras de algunos filósofos de la Ilustración. Las teorías de John Locke (filósofo inglés, 1632-1704), procedentes del *Segundo Tratado sobre el Gobierno Civil* (1689), muestran efectivamente que si el Gobierno no respeta el contrato bajo el cual mantiene su poder y amenaza los derechos naturales, entonces las acciones que adopta la sociedad para luchar contra el contrato se vuelven legítimas. Muchos años más tarde, las ideas del filósofo también serán utilizadas en la Declaración de Independencia. Esta verdadera acta de nacimiento de los Estados Unidos representa una ruptura con Gran Bretaña, ya que enuncia las 27 violaciones de los derechos fundamentales cometidas por la metrópoli.

Sus reivindicaciones acaban desembocando en la guerra de Independencia, que causa estragos en el continente americano entre 1775 y 1783. En ella, se enfrenta un Ejército continental, compuesto por milicianos y voluntarios, apodados los patriotas, contra el Ejército británico y los lealistas, colonos fieles a Jorge III (1738-1820), rey de

Gran Bretaña e Irlanda, mucho más numerosos que sus oponentes. Aunque los patriotas logran hacerse con algunas victorias, esta confrontación desigual no se invierte hasta la entrada en guerra de Francia en 1778, seguida por España y las Provincias Unidas, contra Gran Bretaña. En octubre de 1781, la batalla de Yorktown conduce a la capitulación de los ingleses. De 1782 a 1783 se celebran las negociaciones de paz que se cerrarán con la firma del Tratado de París en septiembre de 1783, que reconoce el nacimiento de los Estados Unidos de América.

PUESTA EN MARCHA DE LAS INSTI-TUCIONES LOCALES Y FEDERALES

Entre 1776 y 1804, los estados se dotan de constituciones para fundar su soberanía. Muchos tienen particularidades no conciliables, especialmente en materia de religión, de esclavitud y de organización política. Y con razón: en ese momento, la mayoría de los estadounidenses se identifican política y socialmente con su estado y no con la nación, que aún tiene que construirse.

A nivel federal, existe una sola organización: el Congreso Continental. Entre 1775 y 1781, este reúne a los delegados que representan a cada estado, y le concede un voto a cada uno. Durante los años de guerra, su principal preocupación es, obviamente, salir vencedor del conflicto que le enfrenta a la metrópoli británica. Con todo, las competencias de este órgano siguen siendo limitadas: por ejemplo, no puede imponer tributos. Y lo que todavía resulta más sorprendente es que, hasta 1781, ningún texto regula la organización de la unión de los diferentes estados y, cuando se redactan, los artículos de la Confederación transforman a la Unión en una confederación.

Así pues, el Congreso Continental se convierte en el Congreso de la Confederación, una asamblea que reúne entre dos y siete miembros de cada estado. Este posee un voto para definir las leyes, para decidir sobre la implementación de acciones militares y para gestionar las relaciones internacionales. Con todo, la institución no tiene ninguna competencia para hacer que se apliquen las decisiones en el seno de los estados, que conservan su soberanía y su independencia. De este modo, no existe ninguna forma de poder ejecutivo federal. Todos los estados conservan su independencia e igualdad en el seno de una Asamblea Federal, que se renueva cada año, a pesar de los múltiples conflictos que enfrentan a los partidarios de un Gobierno central contra aquellos que defienden una representación calculada en base al peso demográfico de cada estado. Esta forma de proceder se mantiene hasta la entrada en vigor de la Constitución pero, a partir de 1785, surge la necesidad de un Gobierno central más fuerte a nivel político, que conduce a la organización de la Convención de Filadelfia en 1787, durante la que se redacta la Constitución de los Estados Unidos.

UNA ECONOMÍA HERIDA DE GRAVEDAD

En 1789, cuando Alexander Hamilton accede al puesto de secretario del Tesoro, las finanzas de los Estados Unidos están en su peor momento, y la deuda de 75 millones de dólares —acumulada en parte durante la guerra— complica aún más la situación económica del país. Con el fin de sanearla y de reembolsar una parte de las deudas, Hamilton funda el Banco Nacional que debería permitir recaudar impuestos y emitir préstamos y moneda. Aunque el proyecto se encuentra con una fuerte oposición, las medidas adoptadas permiten restaurar la confianza de los inversores ricos y de otros especuladores. Sin embargo, entre 1790 y 1820, la mayor parte de ingresos de dinero proceden sobre todo de los aranceles aduaneros.

Entre 1801 y 1809, bajo la presidencia de Thomas Jefferson, la política económica de Hamilton apenas evoluciona, mientras que el presidente favorece el sector de la agricultura y la explotación de las tierras en detrimento de los indios, una actividad que permite que el país sea independiente.

UNA POLÍTICA DE NEUTRALIDAD

Cuando los Estados Unidos terminan su revolución y George Washington se convierte en presidente en 1789, Francia empieza la suya. Los acontecimientos dividen América en dos grupos: los primeros, reunidos en torno a Thomas Jefferson, apoyan el cambio político en Francia; los segundos, agrupados alrededor de Alexander Hamilton, lo consideran una amenaza para el orden establecido. Pero George Washington acaba calmando las tensiones en 1793, cuando declara que la nación es neutral.

Tres años más tarde, cuando John Adams se encuentra a la cabeza del país, la política de neutralidad está a punto de vacilar. Mientras una delegación de los Estados Unidos se presenta en Francia para negociar un nuevo tratado de amistad entre las dos naciones, Talleyrand (político francés, 1754-1838) insiste para obtener un enriquecimiento personal antes de continuar las negociaciones. Este asunto, llamado «XYZ», provoca la cólera al otro lado del Atlántico, hasta el punto de que el clan federal más radical exige que se declare la guerra. Adams, que es más moderado, no cede al llamamiento a las armas y, finalmente, concluye un acuerdo que descarta cualquier riesgo de guerra en 1800.

En Europa, las tensiones entre Francia y Gran Bretaña siguen siendo importantes tras las guerras napoleónicas que asolan el continente. Las dos naciones intentan debilitarse mutuamente, sobre todo mediante la imposición de bloqueos comerciales que afectan el comercio de los Estados Unidos, entonces neutrales. Los buques mercantes estadounidenses, en efecto, corren el riesgo de ser capturados o de ser atacados. Además, Gran Bretaña no duda en reclutar a la fuerza en la Royal Navy a marineros estadounidenses que sospecha que fueron ingleses antes de la independencia del país.

El presidente Jefferson, que no puede aceptar la situación, lanza una guerra comercial contra Gran Bretaña y Francia. En 1807, el Congreso ratifica un embargo sobre el comercio exterior, tanto en las importaciones como en las exportaciones. Con este golpe de fuerza, Jefferson espera hacer que se reconozca el derecho de las naciones neutrales, pero la decisión tiene un impacto significativo en la prosperidad de la nación: los precios de los productos agrícolas bajan a causa de los excedentes que no se exportan y los armadores se enfrentan al desempleo. Los inversores son los únicos que sacan partido de la situación, centrándose en la industrialización. La medida se vuelve muy impopular y sufre muchas críticas. Antes de abandonar la presidencia, Jefferson la modifica, haciendo que se limite solo a las islas británicas y a Francia.

MOMENTOS CLAVE

LA ELABORACIÓN DE LA CONSTITUCIÓN ESTADOUNIDENSE

De la necesidad de tener un Gobierno

Desde la entrada en vigor de los artículos de la Confederación en 1781, los Estados Unidos son dirigidos por el Congreso de la Confederación. No obstante, esta institución presenta algunas debilidades ya que, al no tener ningún poder ejecutivo, no puede imponer a los distintos estados la aplicación de las decisiones aprobadas. Entonces, en el año 1785 aparece un movimiento a favor de la revisión de las instituciones, que se adjudica la misión de la instauración de un verdadero Gobierno.

Durante una reunión organizada por George Washington para solucionar una disputa entre Maryland y Virginia acerca de la navegación en el río Potomac, James Madison propone ampliarla al conjunto de los estados. Por primera vez, un problema comercial encuentra como solución un acuerdo que implica al conjunto de los estados, ya que contempla que todos los ciudadanos de los Estados Unidos puedan navegar sobre este curso de agua. Por iniciativa de Virginia, en septiembre de 1786 se organiza una segunda reunión en Annapolis, para hablar de asuntos comerciales que incluyen a todos los estados, pero en la que solamente participan cinco estados. A pesar del fracaso de esta segunda reunión, los representantes acuerdan celebrar otra en Filadelfia. En esta ocasión, la participación de los distintos estados es mucho más masiva, sobre todo a causa de la revuelta de Shays (1786-1787).

LA REVUELTA DE SHAYS

Daniel Shays (c. 1747-1825), veterano de la guerra de Independencia, se pone a la cabeza de una revuelta en Massachusetts en 1786. En efecto, muchos granjeros y artesanos han sido condenados tras no poder pagar sus deudas. A esto hay que añadirle el descontento de los veteranos de la guerra, que solamente han recibido un salario miserable por su servicio, a causa de la falta de liquidez del Gobierno. En un momento en el que la situación económica es desastrosa, el movimiento se transforma en rebelión y los tribunales son tomados como objetivo. Por consiguiente, Massachusetts se ve obligado a hacer intervenir a la milicia, que consigue acabar con la revuelta en 1787. Con todo, el miedo de ver nacer otros movimientos revolucionarios aumenta.

La Convención de Filadelfia

Ante la urgencia de la situación, los miembros del Congreso admiten la necesidad de mejorar el funcionamiento de la Confederación. Entonces, a partir del 25 de mayo de 1787, 55 delegados que representan a los distintos estados —exceptuando Rhode Island, que se opone a un aumento del poder central— se reúnen en Filadelfia. La asamblea está presidida por George Washington y sus principales iniciadores, entre los que destacan James Madison, George Mason, Gouverneur Morris (político estadounidense, 1752-1816) y Alexander Hamilton. Cabe señalar la ausencia de ciertas figuras como Thomas Jefferson, entonces embajador en Francia; John Adams, embajador en Londres; Patrick Henry (1736-1799), uno de los héroes de la revolución que se opone a la

Convención; y John Jay (1745-1829), secretario de Asuntos Exteriores en Nueva York. Desde el inicio de la sesión, la Convención de Filadelfia adopta el cariz de un golpe de Estado: se rechazan los artículos de la Confederación, y la asamblea decide redactar una nueva Constitución.

JAMES MADISON, EL GRAN ARTÍFICE DE LA CONSTITUCIÓN

Considerado uno de los grandes actores de la Convención de Filadelfia gracias a sus múltiples intervenciones, y uno de los principales artífices de la redacción de la Constitución, James Madison recibe el apodo de padre de la Constitución, un título que no le gusta nada, ya que el texto es fruto de un trabajo colectivo.

Valiéndose de su experiencia adquirida durante la redacción de la Constitución de su estado en 1776, James Madison se dedica durante el invierno de 1786-1787 a la redacción de dos trabajos preparatorios para la Constitución: un memorando, *The Vices of the Political System* (*Vicios del sistema político de los Estados Unidos*), que subraya los defectos de los artículos de la

Confederación, y el llamado Plan de Virginia, una propuesta de Constitución para la unión de los estados debatida durante las primeras sesiones de la Convención.

El memorando y el Plan de Virginia

El memorando de James Madison identifica claramente los defectos del sistema político de la Confederación. Entre los principales problemas señalados figura, sobre todo, la impotencia del Gobierno y el peligro que emana de las políticas de los distintos estados que, a su vez, a menudo son contrarias a los intereses de la nación. A través de este trabajo de fondo, más que simplemente permitir enmendar los artículos de la Confederación, lo que hace es posibilitar que se vaya más allá sentando las bases de la redacción de una nueva Constitución.

Inmediatamente después, Madison redacta el llamado Plan de Virginia que consiste en una propuesta de Constitución, incluyendo 15 resoluciones en las que incluye el establecimiento de una «súper república» cuya autoridad sería superior a la de los estados. Entre los distintos puntos enunciados en este plan, encontramos:

- la separación de los poderes legislativo, ejecutivo y judicial;
- la idea de los *Checks and balances* («sistema de controles y equilibrios») que propone que un poder sea sistemáticamente contrarrestado por los otros dos, lo que permite evitar cualquier forma de tiranía. Para ello, aboga por el establecimiento de un Consejo de Revisión, compuesto por miembros procedentes de los poderes ejecutivo y judicial, cuya misión sería la de controlar todas las actas emitidas por el legislativo. El presidente también dispone de un derecho de veto para oponerse a cualquier abuso del Congreso con respecto a su política. Asimismo, las cámaras tienen un poder judicial frente al presidente por motivos de crimen de Estado;
- el establecimiento del bicameralismo con una Cámara Baja (Cámara de Representantes) y una Cámara Alta (Senado). La primera es elegida por la población de los estados. A continuación, los parlamentarios de esta cámara eligen a los miembros de la Cámara Alta. Ambas instancias forman el Congreso y son competentes en todas las áreas en las que los estados no lo son;

- la designación del jefe del ejecutivo por el legislativo;
- la organización del poder judicial, con el establecimiento de uno o varios tribunales supremos y de los tribunales inferiores, que está determinada por el legislativo;
- una solución a los problemas de injerencia del poder de los estados con el de la autoridad federal. Para tal efecto, James Madison propone que cada Gobierno ejerza su autoridad dentro de su jurisdicción, sin interferir en las otras. Para lograrlo, el Congreso recibe el poder de rechazar las leyes de los estados que actúen contrariamente a los intereses de la nación;
- la obtención por parte del Congreso del poder de obligar por la fuerza a actuar de un determinado modo a un estado que no cumpliría con su deber.

El 29 de mayo de 1787, Edmund Randolph (político estadounidense, 1753-1813) presenta el texto a los miembros de la Convención de Filadelfia para que sea analizado. Mientras que la mayoría de las propuestas son aceptadas sin ningún debate real, el principal tema de discordia es la representación en el Congreso. En el sistema propuesto por Madison, los estados pequeños se sienten perjudicados en relación con los grandes ya que la distribución de los escaños se establece en proporción al volumen de población de cada Estado. Aunque la Convención lo rechaza, se encuentra una solución en el llamado Plan de Nueva Jersey —que, como el Plan de Virginia, es una propuesta de Constitución—. Se trata del Compromiso de Connecticut, también llamado Gran Compromiso, que propone que la Cámara Baja sea elegida en función de la proporción de la población, y que la Cámara Alta tenga el mismo número de senadores por estado.

Las negociaciones, que se llevan a cabo hasta el 17 de septiembre, desembocan en un proyecto de Constitución cuyo texto está formado por un preámbulo y siete artículos. Durante la última sesión, 39 de los 42 miembros restantes aceptan poner las iniciales en la Constitución; las 3 abstenciones se explican por la ausencia de una declaración de derechos. A continuación, el proyecto es transmitido al Congreso, que se lo envía a los distintos estados para que lo ratifiquen. Para que entre en vigor, tiene que ser ratificado por el 75 % de los estados, es decir, por un mínimo de

9 estados. Aunque esa cuota se alcanza en junio de 1788 tras la aceptación de Nuevo Hampshire, todavía hay que esperar a la aceptación de dos grandes estados, Virginia y Nueva York, para que la unión sea un verdadero éxito. La lucha es muy ajustada, pero finalmente la Constitución se aprueba durante el verano.

A pesar del éxito del proyecto, no siempre ha sido fácil lograr que se aceptara. Para convencer a los oponentes de la Constitución, que sobre todo temen que un Gobierno central se vuelva rápidamente tiránico, los partidarios del federalismo realizan dos gestos decisivos: publican los *Federalist Papers* y añaden la Bill of Rights a la Constitución. Con todo, tiene que pasar más tiempo para que Carolina del Norte y Rhode Island la firmen (respectivamente, en noviembre de 1789 y mayo de 1790).

Los *Federalist Papers*

Los *Federalist Papers* son una selección de 85 artículos y ensayos escritos por iniciativa de Alexander Hamilton, con la colaboración de James Madison y de John Jay. Su objetivo es promover la ratificación de la nueva Constitución respondiendo a los ataques llevados a cabo en la prensa neoyorquina por los antifederalistas. Asimismo, ofrecen también una primera interpretación del texto. Estos argumentos en favor de la causa federalista aparecen en tres periódicos neoyorquinos entre 1787 y 1788, y también de forma más esporádica en varios estados donde se produce un debate sobre la ratificación.

James Madison participa en la redacción de 26 de estos artículos, algunos de los cuales seguirán siendo emblemáticos, como el artículo 10. Este ensayo, que también es la primera contribución de Madison, trata de las ventajas de la unión de los estados y explica que es preferible controlar facciones o grupos de ciudadanos, cuyos intereses son contrarios a los de la comunidad en una gran república, más que en una pequeña república. Por un lado, aboga por una república basada en un sistema representativo más conforme a los intereses de la comunidad y, por el otro, reivindica la ampliación de la república para obtener un número más consecuente de parlamentarios competentes.

Otra de sus contribuciones es el ensayo 39, en el que subraya la doble naturaleza de la

Constitución, que no es ni únicamente federal ni únicamente nacional, sino una mezcla de ambos sistemas.

La Bill of Rights o Declaración de derechos

Cuando llega al poder en 1789, el nuevo Gobierno de los Estados Unidos debe mantener su compromiso y promulgar una declaración de derechos. Aunque la Constitución presenta suficientes garantías a ojos de los federalistas, estos últimos, en efecto, se la habían prometido a los estados reticentes a la idea de firmar la Constitución. También en esta ocasión, James Madison desempeña un papel fundamental. Ahora con un escaño en la Cámara de Representantes, escribe, junto con la ayuda de Mason, un texto —inspirándose sobre todo en la Bill of Rights de Virginia— que entrega a la Cámara Baja. En 1789 el Congreso lo adopta, y a continuación es sometido al voto de los distintos estados. La aprobación de 10 de los 12 puntos se producirá el 15 de diciembre de 1791. Así, la Bill of Rights corresponde a las 10 primeras enmiendas de la Constitución:

- los tres primeros artículos garantizan las libertades fundamentales, como la libertad de consciencia, de expresión y de prensa, así como el derecho de petición, de reunión, de porte de armas y de negarse a alojar a las tropas en tiempos de paz;
- los artículos 4 a 8 son medidas contra la arbitrariedad de la justicia. Entre otras cosas, cabe destacar que contemplan que la obtención de un mandato que autorice una perquisición solo se expida si las presunciones son serias, pero también la concesión de garantías a los acusados, la supresión de las fianzas excesivas y de los castigos crueles;
- el artículo 9 detalla el reparto de los poderes entre los estados y el Estado federal;
- el artículo 10 indica que los poderes que no se le han atribuido al estado federal pertenecen a los estados y a los ciudadanos.

JAMES MADISON, CUARTO PRESIDENTE DE LOS ESTADOS UNIDOS

La elección de 1808

La elección de James Madison como cuarto presidente de los Estados Unidos transcurre mientrasel país sufre una importante crisis internacional y comercial. En un contexto de tal índole, las consecuencias de los bloqueos europeos sobre la economía estadounidense constituyen el tema principal de la campaña. El embargo instaurado por Jefferson debilita considerablemente a su partido (el Partido Demócrata-Republicano), lo que permite que el Partido Federalista —borrado de la escena política desde hace varios años— pueda volver a la carrera presidencial. Para llevar a cabo la oposición, el Partido Federalista elige a Charles Pinckney (1757-1824), que ya había sido candidato a las elecciones de 1804.

En el seno del Partido Demócrata-Republicano, Madison, antiguo secretario de Estado, es el favorito, aunque otros 2 candidatos se presentan contra él. El primero es el antiguo vicepresidente, George Clinton (1739-1812), que cuenta con muchos apoyos en los estados de Nueva York y Pensilvania; el segundo, por su parte, es James Monroe (1758-1831), diplomático y gobernador de Virginia. Durante la campaña de nombramiento del candidato, la prensa desempeña un papel clave: mientras que varias divisiones invaden al Partido Demócrata-Republicano, los periódicos colocan a James Monroe a la cabeza, tras haber detallado el balance de cada candidato.

Durante la campaña presidencial, Pinckney no deja de reprocharle a Madison su participación en la implementación del embargo de 1807, cuyos resultados son terribles para la salud económica del país. Los periódicos de tendencia federalista lo ayudan en esta misión, ya que también intentan desacreditarlo a ojos de la opinión pública. Con todo, la táctica no tiene el efecto esperado: en diciembre de 1808, Madison gana las elecciones contra Pinckney, con 122 votos contra 47.

Un primer mandato

James Madison, al contrario que sus predecesores, no demuestra grandes aptitudes presidenciales. Durante su primer mandato, debe enfrentarse a las dificultades financieras ocasionadas por el embargo comercial con Gran Bretaña y Francia, para garantizar el derecho de las naciones neutrales por cuyo reconocimiento lucha a duras penas, a pesar de las negociaciones con estos dos países. Solamente las relaciones con Francia se vuelven menos tensas, pero la cólera de los comerciantes que no pueden comerciar con

Gran Bretaña alcanza su punto álgido durante el invierno de 1811-1812. Esta agitación, combinada con el hostigamiento en la frontera noroeste por parte de las tribus amerindias armadas por los británicos de Canadá, alcanza rápidamente un punto de no retorno. El 18 de junio de 1812, tras un discurso del presidente a favor de un conflicto armado, el Congreso le declara la guerra a Gran Bretaña y a sus colonias.

Las elecciones de 1812

Las elecciones de 1812 son las primeras en la historia de los Estados Unidos que se desarrollan durante un periodo de conflicto. Una parte de la opinión pública —los comerciantes y los agricultores— se opone al enfrentamiento ya que sus adversarios son, nada más y nada menos, sus principales compradores exteriores. A pesar de su baja popularidad, James Madison aparece como el primer candidato a ojos de su partido, pero otro candidato puede hacerle la competencia, ya que los estados tienen el derecho de proponer la designación de un candidato independientemente de la elección adoptada durante la reunión del partido.

En el estado de Nueva York, el clan Clinton elige al sobrino del vicepresidente George Clinton, fallecido en abril. El teniente gobernador De Witt Clinton (1769-1828) desea romper con la dinastía presidencial procedente del estado de Virginia, así como con las políticas que favorecen al sur del país.

| Retrato de De Witt Clinton.

Lleva a cabo una campaña enérgica y defiende una política que mezcla paz y guerra, convirtiéndose así en un hombre perfecto para cualquier circunstancia. El Partido Federalista, que tiene dificultades para encontrar a su candidato, ve en Clinton el aspirante potencial capaz de defender las reivindicaciones pacifistas que marcan al norte del país. Así pues, los federalistas deciden apoyar al que parecía el candidato disidente del Partido Demócrata-Republicano. Con todo, finalmente Madison gana de nuevo, con 128 votos contra 89.

Un segundo mandato marcado por la guerra

Con todo, el Ejército estadounidense, que carece de entrenamiento y de efectivos, no está preparado para entrar en guerra contra Gran Bretaña. Sin embargo, aprovecha la agitación que reina en Europa para invadir Canadá. Una vez que Napoleón I es derrotado, las tropas británicas se dirigen hacia el continente americano. Los estados del noreste son invadidos, y un ataque abate Washington D. C. tras la destrucción de la capital del Alto Canadá, York (actual Toronto).

No obstante, las tropas estadounidenses no se dejan llevar por la desesperación y acaban venciendo a los ingleses en Plattsburgh (Nueva York) y en Baltimore (Maryland).

En diciembre de 1814 los británicos, cansados por la guerra, y los estadounidenses, contentos de acabarla, concluyen la paz con el Tratado de Gante. Aunque desean obtener nuevos territorios, los británicos deben contentarse con un *statu quo ante bellum*. El tratado, que únicamente pone punto final a la guerra, no resuelve ninguno de los problemas que la han iniciado. En cambio, refuerza el sentimiento de pertenencia a la nación estadounidense.

La posguerra

Los dos últimos años de su mandato están marcados por un regreso a los asuntos internos. Entonces, se proponen dos proyectos:

- el primero consiste en el establecimiento de un segundo Banco Nacional por una duración de 20 años. Aunque se haya opuesto a la fundación del primero, considerado contrario a la Constitución, ahora Madison está convencido

de su necesidad y autoriza su creación;
* el segundo sugiere el desarrollo de infraestructuras viarias y de canales favorables al crecimiento comercial. Sin embargo, como ardiente defensor de la Constitución, Madison considera que estas medidas no están en consonancia con esta, por lo que rechaza estas innovaciones.

JAMES MADISON Y LA APLICACIÓN DE LA CONSTITUCIÓN

Junto con Thomas Jefferson, James Madison, gran artífice de la Constitución estadounidense, es uno de sus grandes defensores. La mayoría de sus decisiones las toma en función de este texto fundamental, lo que provoca múltiples conflictos entre el Partido Demócrata-Republicano y el Partido Federalista. El primero se produce durante el establecimiento del primer Banco Nacional por parte de Hamilton, una decisión con la que Madison y Jefferson no están conformes. Más tarde, en 1798, se oponen a las Alien and Sedition Acts de John Adams, ya que las consideran inconstitucionales.

Cuando termina su segundo mandato, James Madison se retira a su plantación de tabaco en Montpelier, en Virginia, donde fallece en 1836.

REPERCUSIONES

UNA CONSTITUCIÓN MODERNA QUE SIGUE VIGENTE EN LA ACTUALIDAD

La Constitución es la culminación de un largo proceso iniciado durante la ruptura con Gran Bretaña, que continúa con la Declaración de Independencia, la guerra y la creación de la Confederación. Instaura la formación de los Estados Unidos como nación, compuesta a su vez por la unión de distintos estados independientes cada uno de los cuales posee un Gobierno. Con todo, no hay que buscar la soberanía en este lado, ya que ahora se encuentra entre las manos del Estado federal. La creación de esta federación es un hecho único para la época. Las únicas dos otras federaciones existentes son los Países Bajos y Suiza, pero estos últimos no elegían a sus presidentes y no disponían ni de un sistema judicial federal ni de un sistema de *Checks and balances*.

Para muchos federalistas como Benjamin Franklin (filósofo, físico y estadista estadounidense, 1706-1790), Hamilton o incluso Madison, el texto de la Constitución se acerca mucho a la perfección. La Constitución, convertida en uno de los mitos fundacionales de la nación estadounidense, es el primer texto que dota a una nación occidental de un régimen político republicano que sitúa el interés de la comunidad en el centro de sus prioridades. Actualmente, sigue en vigor, y solamente se le han añadido 27 enmiendas desde su ratificación.

Sin embargo, en 1788, el texto no es tan perfecto como parece ya que evita el tema delicado de la esclavitud para integrar a los estados del sur en la Unión. Mediante dos acuerdos alcanzados entre los estados del norte y los del sur, la Constitución incluso reconoce la esclavitud, en la cláusula de las tres quintas partes, y renueva el ejercicio de la trata de esclavos para 20 años más, gracias a un acuerdo sobre el comercio.

El reconocimiento de la esclavitud y el mantenimiento de la trata de esclavos

La cláusula de las tres quintas partes autoriza a los estados del sur, que poseen muchos esclavos, a contabilizarlos dentro de su población por un total equivalente a tres quintas partes, lo que les permite aumentar su peso político en el seno de la Cámara de Representantes. En compensación, los estados del norte reciben una contribución fiscal superior por parte de los estados esclavistas.

La cuestión de la trata de esclavos se produce, por su parte, durante el acuerdo sobre el comercio, una prerrogativa que ahora vuelve a estar en manos del Congreso. Los estados del sur aceptan que el Congreso regule los comercios interno y externo y, a cambio, obtienen el mantenimiento de la trata de esclavos durante 20 años, es decir, hasta 1808.

Así, mientras que muchos estados del norte abolen la esclavitud, los esfuerzos para erradicarla en el conjunto del país desaparecen para asegurar la existencia de una unión pacífica entre los estados. Sin embargo, este tema sensible resurgirá un siglo más tarde durante la guerra civil (1861-1865).

LA HEGEMONÍA DEL PARTIDO DEMÓCRATA-REPUBLICANO

En 1815, el Partido Demócrata-Republicano sale fortalecido de la guerra que le ha declarado a Gran Bretaña, y finalmente toma la delantera en relación con el Partido Federalista. Aunque, durante la contienda, no deja de criticar la política exterior de Thomas Jefferson y, a continuación, se opone a la guerra dirigida por James Madison en 1812, el Partido Federalista no duda en proponer medidas bastante radicales para detenerla en la Convención de Hartford (Connecticut), celebrada entre diciembre de 1814 y enero de 1815. Entre las propuestas formuladas figuran la secesión de Nueva Inglaterra o incluso la negociación de un tratado con Gran Bretaña. Pero, cuando los federalistas logran sumar a Washington D. C., la guerra ha acabado y termina con la brillante victoria de Andrew Jackson (estadista estadounidense,

1767-1845) en el sur. El auge patriótico que sigue a estos acontecimientos hace que los federalistas sean vistos como hombres desleales.

La sensación de victoria que se apodera del conjunto de los Estados Unidos abre la era de los buenos sentimientos, un período de paz durante el cual el nuevo presidente, James Monroe, lleva a cabo una política de unión en todo el país.

EL DESARROLLO DEL SENTIMIENTO NACIONAL

La guerra de 1812 conduce al establecimiento de dos símbolos de la nación estadounidense. El primero es la creación del himno nacional en 1814. Escrito por Francis Scott Key (1779-1843), abogado y poeta aficionado, *The Star-Spangled Banner* («La bandera estrellada») habla de la heroica defensa del Fuerte McHenry durante el bombardeo de Baltimore por parte de la Royal Navy británica y el hecho de que la bandera estrellada se mantuvo en lo alto del fuerte durante toda la batalla. Este verdadero canto patriótico se convertirá en 1931 en el himno nacional de los Estados Unidos.

El segundo símbolo es la figura del Tío Sam, también creada a raíz de la guerra de 1812. Durante el conflicto, el Ejército de los Estados Unidos recibe cajas de carne con las iniciales «U. S.» inscritas, en referencia a los Estados Unidos. Pero los soldados rápidamente interpretan esta inscripción como las siglas de Tío Sam (Uncle Sam, en inglés) en referencia a Samuel Wilson (1766-1854), el proveedor de las cajas de alimentos. El Tío Sam se convertirá con el tiempo en una de las principales personificaciones de los Estados Unidos y se utilizará durante las campañas de reclutamiento del Ejército estadounidense durante las dos guerras mundiales.

| Cartel del Tío Sam para una campaña de reclutamiento del Ejército.

EN RESUMEN

1751
16 mar.: nacimiento de James Madison

1776
***Jun.*: adopción de la Constitución de Virginia, escrita en parte por James Madison**

1787-1888
Publicación de los *Federalist Papers*, escritos en parte por James Madison

1789
Redacción de la Bill of Rights

1791
Creación del Partido Demócrata-Republicano

1801-1809
James Madison es secretario de Estado

1808
Dic.: **James Madison es elegido presidente de los Estados Unidos**

1812-1815
Guerra anglo-estadounidense

1817
Fin de la presidencia de Madison

1836
28 jun.: fallecimiento de James Madison

- James Madison, nacido en 1751, proviene de un entorno acomodado.
- Estudia en el Colegio de Nueva Jersey, donde es instruido en la Ilustración escocesa y descubre una pasión por la teoría política.
- George Mason y James Madison redactan la Constitución de Virginia. En ella, incluyen la separación de poderes y el sistema bicameral. Inmediatamente después, también escriben la Bill of Rights. Ambos documentos inspirarán

en gran medida la Constitución de 1787 y la Bill of Rights de 1789.

- En 1787, Madison participa activamente en la Convención de Filadelfia, responsable de mejorar el funcionamiento de la Confederación. Sin embargo, la reunión hace tabula rasa del pasado y decide poner en marcha la redacción de la Constitución estadounidense. Los trabajos preparatorios realizados por James Madison sirven como base para las conversaciones.
- Entre 1787 y 1788, participa en la redacción de los *Federalist Papers*, para promover la ratificación de la Constitución.
- En 1789, escribe un borrador de la Bill of Rights que presenta al Congreso. A continuación, es sometido a los estados, que ratifican 10 de las 12 propuestas. Estos 10 artículos se convierten en las primeras 10 enmiendas de la Constitución.
- A raíz de profundas diferencias de opinión con los federalistas, Thomas Jefferson y James Madison crean el Partido Demócrata-Republicano en 1791.
- Bajo la presidencia de Thomas Jefferson, James Madison se convierte en secretario de Estado, una función que ocupa de 1801 a 1809.

En diciembre de 1808 es elegido como cuarto presidente de los Estados Unidos de América, un puesto que ocupa hasta 1817.

• Su mandato presidencial se ve marcado por un conflicto económico con Gran Bretaña. Las tensiones sumen al país en una guerra contra las islas británicas y sus colonias desde 1812 hasta 1815. Aunque el conflicto termina sin un verdadero ganador, aumenta el sentimiento de pertenencia a la joven nación estadounidense y a menudo se considera que es la segunda guerra de Independencia.

• James Madison fallece el 28 de junio de 1836 a la edad de 85 años.

¡Tu opinión nos interesa!
¡Deja un comentario en la página web de tu librería en línea,
y comparte tus favoritos en las redes sociales!

PARA IR MÁS ALLÁ

FUENTES BIBLIOGRÁFICAS

- Cogliano, Francis D. y Kirsten E. Phimister. 2011. *Revolutionary America 1763-1815: A Source Book*. Nueva York: Routledge.

- Kelly, Alfred H., Winfred A. Harbison y Herman Belz. 1991. *The American Constitution, Its Origins and Development*. Nueva York: W.W. Norton & Company.

- Portes, Jacques. 2013. *Histoire des États-Unis. De 1776 à nos jours*. París: Armand Colin.

- Roberts, Robert North y Scott John Hammond. 2004. *Encyclopedia of Presidential Campaigns, Slogans, Issues and Platforms*. Londres: Greenwood Press.

- Roussillon, Sylvain. 2012. *L'Autre 1812. La seconde guerre de l'indépendance américaine*. París: Bernard Giovanangeli Éditeur.

FUENTES COMPLEMENTARIAS

- Hamilton, Alexander, John Jay y James Madison. 1961. *The Federalist Papers*. Nueva York: New American Library.

- Meyers, Martin. 1981. *The Mind of the Founder. Sources of the Political Thought of James Madison.* Hannover: University Press of New England.

FUENTES ICONOGRÁFICAS

- Retrato de James Madison. La imagen reproducida está libre de derechos.

- Escena del momento de la firma de la Constitución de los Estados Unidos. La imagen reproducida está libre de derechos.

- Imagen del motín del té en Boston. La imagen reproducida está libre de derechos.

- Retrato de De Witt Clinton. La imagen reproducida está libre de derechos.

- Cartel del Tío Sam para una campaña de reclutamiento del Ejército. La imagen reproducida está libre de derechos.